Incroyants et Dissidents

PAR

P. M. RAHIB

PARIS

LIBRAIRIE CH. POUSSIELGUE

RUE CASSETTE, 15

1897

TROIS MATINÉES AU BOSPHORE

Incroyants et Dissidents

PAR

P. M. RAHIB

PARIS

LIBRAIRIE CH. POUSSIELGUE

RUE CASSETTE, 15

1897

TROIS MATINÉES AU BOSPHORE

PREMIÈRE MATINÉE

Septembre finissait, je reçus d'un vieil et bon ami ce
billet : « Le soleil ne brûle plus, les bruyères sont en
fleur, les térébinthes ont leurs baies, les orangers leurs
pommes d'or, les roses d'automne donnent leur parfum
discret, le ciel est clair et la mer est bleue. Venez, les
caïdji vous attendent pour vos promenades sur le Bosphore, et une société que j'ai choisie pour vous, vous
permettra les causeries que vous aimez. J'ai congédié
les mondains. A vous les derniers beaux jours, venez.
L'ami que vous savez, T... » Je m'embarquai sur un
chirket qui montait le Bosphore, tout intrigué de cette
compagnie choisie qui m'attendait. J'eus la clé de
l'énigme au dîner qui commença par un franc éclat de
rire : « Léon XIII, me dit T..., veut faire l'Union, je
la fais dans mon ialy, voilà l'Archimandrite que vous
connaissez et le Révérend docteur C... qui ne vous
est pas inconnu. » Je serrai la main des deux étrangers
qui remplissaient leur ministère auprès des Russes
et des Anglais, comme je remplissais le mien auprès
des Français. Je les savais deux esprits ouverts et d'une

parfaite droiture; ils avaient beaucoup lu et beaucoup vu, et les causeries annoncées n'étaient pas pour me déplaire. Mais mon hôte avait son plan, la question de l'Union des Églises le préoccupait, il désirait la voir traiter à fond, il nous dit en finissant le dîner : « L'occasion est trop belle pour que je la laisse échapper; ce soir nous ferons une promenade à Buyuk-Déré, les caïdji sont à leurs rames; mais demain nous nous réunirons au kiosque du bord de l'eau et nous parlerons de la question du jour, l'Union. » A l'heure convenue, tout le monde était à son poste, notre hôte arriva le dernier, visiblement contrarié; il n'était pas seul : Dimitri, le riche banquier de Galata, l'accompagnait. Tout homme comme il faut est plus ou moins banquier à Galata, mais celui-là avait place à part, il était lettré, il avait fait son éducation en France, il en était revenu libre-penseur, mais sans haine, il n'était pas sectaire, et nous le connaissions tous comme parfait galant homme. Il s'excusa.

DIMITRI.

Je suis un intrus dans une si docte assemblée, mais je ne remue pas que des écus. J'aime à voir remuer des idées, voilà mon excuse. Je n'ai que cette journée à donner à mon ami T... et je l'ai contraint à m'amener ici; je serai sage et j'écouterai, je n'ose pas dire avec intérêt, cela sent son banquier d'une lieue, mais je serai tout oreilles.

LE MOINE.

Une mauvaise plaisanterie ne vous tirera pas d'affaire. Nous vous tenons, et pour vous punir de votre intrusion, vous parlerez. Depuis bien longtemps je désire connaître l'état de conscience d'un libre-penseur. Ces messieurs de la libre pensée nous attaquent volontiers; mais

l'attaque est facile, je voudrais les voir à la défense.
Dans notre docte discussion, comme vous dites, vous
nous servirez d'introduction.

DIMITRI.

On m'avait bien dit que vous ne manquiez pas d'habileté pour prendre les gens au piège; je suis pris et je
ne reculerai pas, je serai le Chevalier de la libre pensée...
pourtant j'aimerais autant me taire.

LE MOINE.

Voyons, Monsieur le Chevalier, posons les conditions
du combat. Je suis un vieux Franc, j'en ai un peu la
langue et la main; comme ces vieux Francs frappaient
fort! mais comme ils étaient loyaux! Nous parlerons
Franc, cela vous convient?

DIMITRI.

En tout point.

LE MOINE.

Commençons. Vous admettez que si nous avons une
raison, c'est pour raisonner et arriver ainsi à la vérité.

DIMITRI.

Parfaitement.

LE MOINE.

Mais, dans la vérité, il y a des points plus essentiels à
connaître. Je suis heureux de savoir que la terre tourne;
Platon qui ne le savait pas pouvait être tout aussi heureux que moi. Mais un point tourmentait Platon, et me
tourmente. J'ouvre les yeux et je vois le monde, le
soleil dans les cieux, les étoiles au firmament, j'entend
le vent qui souffle, le tonnerre qui gronde, la mer qu

bat le rivage, j'écoute le bruit mystérieux des mille forces qui travaillent en terre et éclatent en herbes, en arbres, en fleurs, en fruits. Je vois ces millions d'animaux qui naissent, souffrent et meurent sans penser, sans se connaître : qui les mène et qui les a faits? Après tout, je pourrais négliger ce point d'interrogation, répondre par un : « Que sais-je? » et m'endormir tranquillement dans mon ignorance. Ce serait peut-être abdiquer; mais il y a un point où mon abdication serait inutile, le point d'interrogation se poserait malgré moi.

Que suis-je venu faire en ce monde? Qui m'a jeté en cette bataille de la vie sans m'avoir consulté? Ai-je donc un maître? Ce maître m'a-t-il imposé une loi? Suis-je responsable devant lui? Est-ce vrai ce qu'on dit : que ce maître souverainement juste a des punitions et des récompenses qui s'étendent bien au delà de ce monde; que moi qui passe si vite je m'arrêterai dans une éternité qui ne passera pas? Ce n'est pas assez des angoisses du présent, il faut y ajouter les angoisses de l'avenir! Mystères de la vie et mystères de la mort! Si ma raison est bonne à quelque chose, c'est à cela qu'il faut l'appliquer. Que m'importe de savoir que le soleil a des taches, si les taches de ma vie ont un écho dans l'éternité!

Dimitri.

C'est bien dit, et l'homme qui ne sait pas ou n'ose pas regarder ces questions en face, n'est plus un homme.

Le Moine.

Il ne suffit pas de les regarder en face, il faut les résoudre, il y va de la dignité de notre vie. Il faut que je sache d'où je viens et surtout où je vais, pour diriger ma vie. Sans ce lest, ma vie sera sans règle, sans

sérieux, sans dignité, par conséquent sans vraie mora-
lité, à la merci de tous les coups de vent. Que de ces
vaisseaux désemparés en notre siècle sceptique courent
sous l'orage, sans savoir leur chemin, et arrivent à
l'abîme sans avoir rien su ni de la vie ni de la mort!

DIMITRI.

Vous touchez là un douloureux mystère!

LE MOINE.

Ce mystère, il faut le prendre corps à corps; ce sphinx,
il faut lui dérober son secret; ce dard attaché aux flancs
de l'humanité, il faut l'arracher et guérir la plaie. Il faut
savoir! et si le mystère s'obstine, si le sphinx ne veut
pas parler, il n'y a plus qu'à désespérer de tout, de Dieu,
s'il y a un Dieu, de l'homme et du monde, se coucher
dans son cercueil pour dormir en paix son dernier
sommeil.

DIMITRI.

De grâce, éloignez ce spectacle hideux du pessi-
misme!

LE MOINE.

J'y compte bien. Je n'ai point de ces désespoirs tra-
giques qui sentent la déclamation d'un professeur de
philosophie aux abois.

J'ai des solutions certaines pour bien des problèmes
que me pose la matière; je n'en aurais aucune pour
ceux que me pose l'esprit? Je n'admets pas cela, le
monde de l'esprit prime le monde de la matière. Il y a
des solutions à mes *desiderata*, il faut les trouver. C'est
ici, Monsieur le Chevalier, que je vous demande votre
méthode pour arriver aux solutions désirées.

DIMITRI.

Elle est bien simple. Je suivrai la méthode qui nous
a si bien réussi dans ce que vous appelez les questions
posées par la matière, la méthode positive. Vous avouerez
qu'en la suivant nous nous en sommes assez bien tirés,
et que, sans résoudre tous les mystères, nous avons
contraint le sphinx à parler : il nous a dit quelques-uns
des mystères du mouvement, des atomes, de l'électricité, de la vapeur, etc. : nous ne savons pas tout, comme
nous sommes modestes, nous l'avouons ; mais en nous
servant du même instrument, que ne trouverons-nous
pas ? La raison donc et les faits, tout est là. Quoi qu'on
en ai dit, nous n'avons pas fait banqueroute ; notre
banque est sûre, et les dividendes en seront de plus
en plus forts, croyez-moi, mon Père, placez-là vos
fonds.

LE MOINE.

Si votre banque n'avait fait que ce seul genre d'opé-
rations, je serais votre actionnaire le plus décidé et le
plus confiant, mais elle a en fait une autre. Elle a tenté
une explication du monde, de son origine et de sa fin,
et là vous me semblez bien avoir fait la banqueroute la
plus complète ; vous avez même déposé votre bilan et
vous vous êtes déclarés insolvables. La raison ne peut
rien, disent vos grands actionnaires, sur les valeurs de
l'au delà, si valeurs il y a.

DIMITRI.

J'avoue qu'il y a parmi nous de ces désespérés, mais
cette désespérance est la mode du jour, cette mode
passera, et ceux qui parmi nous sont moins bruyants
et plus sages, sont assurés de voir leur revenir ces
aventureux.

Le Moine.

Je le crois, mais savez-vous que c'est une note assez fâcheuse pour la libre pensée d'avoir ses modes comme ces dames? Au siècle dernier on se disait philosophe; aujourd'hui on est scientifique, mais aujourd'hui comme hier on nie, on détruit, je ne vois pas bien ce qu'on construit, je me demande s'il reste un seul article à votre *Credo*; on nie Dieu, le libre arbitre, la morale, on est déterministe, moniste, agnostique et bien d'autres choses.

Dimitri.

Je vous l'ai dit, nous traversons une crise.

Le Moine.

La crise est longue, et m'a bien l'air d'être un état normal. Il y a des milliers d'années que la libre pensée en prend à son aise; ce serait une fatuité d'ignorant de croire que nous l'avons inventée; comprimée en Europe pendant quelques siècles par le christianisme, nous l'avons ressuscitée dans les temps modernes, mais elle est vieille comme le monde. Les Chinois, les Indiens, les Grecs et les Romains ont cultivé cette plante chère à nos jeunes universitaires, et nous en avons les fruits dans leurs systèmes philosophiques qui nous restent. Cette histoire est autrement poignante que l'autre, rien n'est beau, mais rien n'est désespérant comme cette montée à l'assaut d'une vérité qui se dérobe toujours, et cela aux plus hautes et aux plus belles intelligences. Les bataillons se succèdent, les armes se perfectionnent, l'effort est gigantesque, et cependant les générations fauchées par la mort qui n'attend pas, se sont couchées dans le tombeau sans avoir reçu de la libre pensée, une vérité certaine, indiscutée, sur l'au-delà, et aujourd'hui l'armée découragée jette ses armes et se rend à l'inconnaissable.

DIMITRI.

Avouez qu'en ce moment vous exagérez un peu, et que vous sacrifiez à la phrase.

LE MOINE.

Je n'avoue rien, mais j'avouerai tout si vous me citez seulement une seule vérité indiscutée et tenue pour certaine par toute la libre pensée.

DIMITRI.

Il vous faut l'unanimité. C'est trop exigeant.

LE MOINE.

Non, je sais que l'homme est libre, même d'être absurde, il faut compter là-dessus; aussi je n'exige que cette simple unanimité morale qui fait dire : c'est là une vérité admise parmi nous, une vérité démontrée et nous la tenons pour indiscutable. Je vous laisse le choix et je vous attends.

DIMITRI.

Vous me pressez beaucoup. Eh bien, Dieu premier principe, par exemple, nous sommes à peu près unanimes à l'admettre.

LE MOINE.

Vous croyez! Dieu, qu'entendez-vous par là? Est-ce un Dieu personnel, maître du monde, intelligent, libre, etc...? — Oui, dira le spiritualiste. — Pas tout à fait, cher confrère, Dieu c'est l'idée du monde qui ne se réalise jamais complètement, reste toujours *in fieri* par un certain côté, n'est point personnel et ne peut être dit vraiment existant puisqu'il ne peut se réaliser sans cesser d'être. — C'est bien nuageux ce que vous dites-là, cher ami, mon Dieu est plus simple ; c'est l'ensemble du monde, tout est Dieu. — C'est trop simpliste. Il n'y a point d'autre Dieu que la nécessité aveugle qui étreint le monde et pousse tout au progrès. — Votre progrès est de trop. Dieu c'est le grand ressort caché qui mène le monde, mais il le mène à mal, car lui-même est inconscient et ne sait où il va. — Trop de phrases, Dieu c'est la monade gigantesque qui enfante le monde en évoluant et ne se distingue pas du monde : il n'y a pas deux principes, il faut être moniste. — Voilà, et j'en passe, ce que disent vos coryphées de la libre pensée. Je ne les charge pas au moins ?

DIMITRI.

Vous êtes impitoyable, et j'aurais bonne envie de ne plus vous répondre, mais où voulez-vous en venir ? Faut-il donc désespérer de la raison ?

LE MOINE.

De la raison ? Non, que Dieu me garde de jamais en désespérer ! Mais de la libre pensée, il y a longtemps que j'en ai fait mon deuil. Elle n'est bonne qu'à détruire ; c'est une méthode négative, elle ne vit que par néga-tion ; enlevez-lui cela, elle n'a plus rien ; elle n'est bonne qu'à mettre au cœur de l'homme la désespé-rance, et au cœur de l'humanité l'incroyance pour ne lui laisser que ses appétits. C'est la déchéance à bref délai si nous n'avons pas à lui donner la vérité par une autre méthode.

DIMITRI.

Mais la libre pensée n'est que la mise en œuvre de la

raison et si vous la condamnez, vous condamnez la raison ; nous ne serons préservés de la déchéance qu'en cessant d'être raisonnables, c'est une déchéance aussi celle-là, je préfère l'autre.

Le Moine.

Vous vous trompez. La raison doit rester à la base de toutes nos connaissances. Ce n'est pas la raison qui est en question, mais votre méthode de libre-penseur.

Dimitri.

Je ne comprends pas.

Le Moine.

Vous allez comprendre. Vous êtes arrivé à connaître ce monde, au moins en partie, et j'ai grande confiance que nous le connaitrons de plus en plus en restant fidèles à la méthode positive qui est la bonne, mais vous l'abandonnez cette méthode dans les questions d'origine et de fin.

Dimitri.

Comment?

Le Moine.

Ayez patience. La méthode positive part de la raison et a pour instrument la raison, c'est incontestable. Mais cette raison n'est pas laissée libre de s'abandonner sans frein à ses fantaisies, de se laisser piper par l'imagination, de se livrer au rêve ou au simple désir de faire du nouveau, du paradoxal; petite passion chère à tout le monde, d'étonner l'ignorant, de battre l'adversaire, de sortir des sentiers où marchent les simples. Ce sont là péchés mignons de la libre pensée quand il s'agit des questions d'origine et de fin. La méthode positive ne permet point ces libertés-là, elle a le *fait* qui, dans ses courses folles, arrête la fantaisie de la raison en lui criant : casse-cou, on ne passe pas. Force est bien à la raison de reconnaître son faux pas. C'est cette salutaire servitude qui a sauvé la méthode positive et a fait la science si grande; il n'y a point de libre pensée en science.

DIMITRI.

Alors selon vous, la science est grande parce qu'elle a rejeté la libre pensée.

LE MOINE.

En voulez-vous une preuve expérimentale? La science a eu aussi sa libre pensée. On négligeait l'observation; les faits ne comptaient pas, et on construisait un monde qu'on croyait d'autant plus raisonnable qu'il n'était construit que par la raison seule. Chacun pouvait le construire à sa fantaisie et on vous enseignait gravement que la voûte céleste est un cristal très pur et que le sel est un composé de fer et d'eau. Voilà un fruit de la libre pensée.

DIMITRI.

A ce compte nous voilà bien près d'être ridicules, et j'avais toujours cru que...

LE MOINE.

Que... c'était nous qui l'étions?

DIMITRI.

Je n'ai pas dit cela.

LE MOINE.

Vous le pensez peut-être; mais revenons à la libre pensée. Il faut l'abandonner, elle est condamnée par l'expérience, elle l'est aussi par son propre principe.

C'est son principe de n'avoir jamais rien de certain et l'un de vos maîtres a écrit que la libre pensée ne pouvait admettre qu'une vérité fut tellement démontrée qu'elle ne prêtât plus à la discussion. C'est le doute organisé ; elle est nécessairement stérile et ne peut donner que le scepticisme en haut et l'incroyance en bas, laissant en haut et en bas les appétits sans contrepoids.

DIMITRI.

Que faire?

LE MOINE.

C'est bien simple, appliquez dans les questions d'origine et de fin la méthode qui vous a si bien réussi ailleurs, usez de la raison et tenez compte des faits.

DIMITRI.

Des faits, il n'y en a pas dans ces questions-là.

LE MOINE.

N'appelez-vous faits que vos expériences de laboratoire? non, car alors vous seriez condamné à ne connaître que la matière brute; votre méthode doit s'appliquer à toutes les branches du savoir, elle est la bonne.

DIMITRI.

Je suis aise de vous voir donner cette louange à notre méthode positive.

LE MOINE.

Appelez-la du nom que vous voudrez, je l'accepte pleinement, pourvu qu'elle ne soit pas exclusive, et qu'elle tienne compte de tous les faits : faits d'histoire bien constatés, faits de conscience ou d'expérience interne, faits de raison, premiers principes qu'on constate et qu'on ne démontre pas. Mais laissons mon admiration pour la méthode positive et appliquons-la dans la question qui nous occupe. Nous étudierons donc d'abord les faits.

DIMITRI.

Des faits! Pour savoir où je vais, d'où je viens, si j'ai un maître, si je suis responsable, et le reste! des faits, je le répète, il n'y en a point.

LE MOINE.

Il y en a. Il y a le fait historique de la révélation qui domine ces questions de toute sa hauteur, et autour de ce fait principal il s'en groupe d'autres qu'on peut observer, connaître, constater. Or ces faits sont d'importance capitale dans la question, car si Dieu a parlé, ce n'est pas alors seulement un *fait* qui criera aux fantaisies de la raison : on ne passe pas, mais la parole de Dieu.

DIMITRI.

La révélation est un fait surnaturel et qui ne relève point de la raison.

LE MOINE.

Vous faites confusion, elle est ce que vous dites par un côté, mais elle est aussi un fait historique, et c'est du fait historique seul dont il est ici question en ce moment. Il est du domaine de la raison.

DIMITRI.

La libre pensée n'admet pas ce fait comme possible *a priori*.

LE MOINE.

La libre pensée, toute grande dame qu'elle puisse être, n'a point autorité pour se faire accepter sans preuve, et des preuves pour appuyer son *a priori*, elle n'en donne point. Je me trompe. Certains libres-penseurs en ont une, les tenants de la *Monade gigantesque* qui évolue. Ce Dieu-là ne peut rien révéler, j'en tombe d'accord. Mais vous avouerez que je peux, sans abandonner la raison, ne pas être adorateur de la *Monade*. Ce Dieu n'est pas d'évidence qui s'impose.

DIMITRI.

Ce Dieu-là n'est pas le mien, je vous l'ai dit, j'admets un Dieu principe de tout être, de tout bien, de tout ce qui est beau. Mais êtes-vous bien sûr que ce Dieu-là puisse se révéler?

LE MOINE.

Absolument. Ce Dieu est la vérité, la bonté, la toute-puissance! et vous croyez que ce Dieu ne pouvait trouver un moyen de communiquer à l'homme, son ouvrage, les desseins qu'il avait sur lui? Voyons, la main sur la conscience?

DIMITRI.

Vous avez une manière de poser les questions!

L'ARCHIMANDRITE.

La question est très simple.

LE DOCTEUR.

Il faut répondre.

DIMITRI.

Eh bien! il me parait que cela se peut et puisque vous

me poussez, je vous dirai que Dieu, en toute miséricorde et toute pitié, nous le devait bien un peu.

Le Moine.

Vous allez peut-être trop loin maintenant, disons que cela nous paraît d'une haute convenance, connaissant Dieu et connaissant l'homme. Dieu est bon, l'homme est ignorant et passionné. Dans une si grande question, il n'était pas sage peut-être de le laisser livré à lui-même et surtout de laisser la masse des pauvres et des petits, qui n'ont pas le temps de discuter doctement, abandonnés aux disputes des savants libres-penseurs que nous avons appris à connaître.

Dimitri.

Vous êtes dur pour la libre pensée. Je suis pourtant obligé d'avouer qu'il y a du vrai en ce que vous dites.

Le Moine.

Eh bien! cette haute convenance va devenir un fait, et un fait historique qui se constate comme tous les faits d'histoire et s'il a quelque chose de particulier, c'est qu'il a pour lui d'être encore vivant et de réunir un faisceau de témoignages comme n'en a aucun autre fait dans l'histoire.

Dimitri.

Oh! l'enthousiasme!

Le Moine.

Croyez-vous à la mort tragique de César?

Dimitri.

Quelle question!

2

LE MOINE.

Eh bien ! le fait historique de la mort de César est
loin d'avoir pour lui les témoignages qu'a le fait historique de la révélation. Cette mort tragique a pour
témoin la foi du monde qui sait l'histoire, appuyée sur
le récit de quelques historiens ; j'admets que c'est suffi-
sant et que votre croyance est parfaitement raisonnable. Comparons pourtant nos témoignages et les
vôtres. Nos historiens valent les vôtres et un peu mieux,
ils sont candides, paraissent honnêtes et sincères, et ils
ont dû se faire certains de ce qu'ils rapportent, la plu-
part devaient donner leur vie en garantie. Vos païens
n'ont rien de tout cela et ne se seraient pas fait tuer
pour certifier leurs dires. La tradition qui les a suivis
était assez indifférente au fait et l'a laissé passer sans
grand examen. La tradition du fait de la révélation me
paraît tout autrement sérieuse. Dans l'ancien monde,
c'est un peuple tout entier qui témoigne par sa politique, sa religion, ses institutions, sa vie prolongée
qu'on pourrait appeler un miracle. Dans le monde
nouveau, ce n'est plus un peuple qui témoigne, ce sont
tous les peuples à civilisation chrétienne, les autres
comptant peu ou point dans le monde intellectuel. Ce
témoignage vaut-il celui de vos païens ?

DIMITRI.

Peut-être.

LE MOINE.

Vous ne mériterez pas le reproche d'enthousiasme
que vous m'accordiez si volontiers tout à l'heure. Mais
je veux vous prouver que j'étais de sang-froid. J'ai dit
et je maintiens que le fait de la révélation est vivant
parmi nous.

DIMITRI.

Vivant?

LE MOINE.

Vivant. J'entends qu'un fait est encore vivant quand il se prolonge jusqu'à nous. L'explosion de la poudre a cessé, comme fait, quand le bruit en arrive à mes oreilles en ondulations sonores. Le fait de la révélation a passé, mais ses ondes vibrantes se font sentir parmi nous. Toute vie dans le christianisme (je ne dis pas seulement dans le catholicisme) part de ce fait initial : hiérarchie, sacerdoce, enseignement, prédications, missions, docteurs qui combattent, vierges qui se dévouent, martyrs qui donnent leur sang sous toute latitude, et cela depuis dix-huit cents ans. Ce que nous appelons *civilisation européenne* suppose ce fait, c'est sur lui que s'appuient dans ses grandes lignes la conscience et le fond des croyances de l'âme européenne. Où trouverez-vous dans l'histoire un fait aussi vivant? L'assassinat de César est un fait mort, et bien mort, vous y croyez pourtant, et vous ne consentez pas à tenir compte de la révélation?

DIMITRI.

Oui, mais vous savez que vos premiers historiens sont contestés.

LE MOINE.

En philosophie et en religion on conteste tout, l'intérêt personnel est en jeu, aussi certaines de ces contestations ne comptent pas, parce qu'elles ne sont pas sérieuses. Une contestation en histoire doit être documentée, les documents seuls portent coup. Un texte, une inscription, une date, un monument, en un mot, des preuves positives qui se contrôlent, voilà des armes sérieuses ; devant des hypothèses, des à peu près, des peut-être, on passe et la vérité historique qu'on voulait contester n'en est pas ébranlée. Depuis dix-huit siècles, Matthieu, Marc, Luc, Jean et les autres étaient en possession de leurs écrits, lorsqu'il a plu à une école allemande de les en déposséder. Elle a trouvé sans doute, cette école, des textes, des manuscrits, des documents authentiques et décisifs qui vont à l'encontre de la vérité historique admise ; pas le moins du monde, elle n'a trouvé ni une ligne écrite, ni un nom d'auteur, ni une date, ni un document quelconque en contradiction positive avec la tradition historique constante. Ces messieurs ont une méthode beaucoup plus facile, la méthode par divination, l'un d'eux a écrit le mot. Cette école, lorsqu'il s'agit de nos saints Livres, ne fait pas de critique positive, elle en a une autre, la critique interne. Celle-là est réservée à un petit cénacle de gens délicats. C'est là que s'exerce l'esprit de divination, il y faut du tact, du flair, un goût littéraire exercé, de la nuance, un peu de vaporeux ne nuit pas, et alors sur un mot, sur une incidente, sur une saveur de phrase, on bâtit une hypothèse, chacun la sienne, bien entendu, car chez ces hypercritiques, l'accord n'est pas fait, il s'en faut. Heureuses gens qui ont assez de loisir pour voyager dans les nuages bleus ! Toute la fortune de ces Germains a été de trouver des copistes français qui avaient du style.

LE DOCTEUR.

Vous n'êtes pas tendre pour l'école critique.

LE MOINE.

Ne croyez pas que je condamne tout chez eux. Ils ont scruté les textes et nous ont forcés à faire de même,

ce qui déjà est un insigne bienfait; ce sont leurs hypothèses creuses que je condamne. On s'est effrayé trop
vite de ces nuages amoncelés par la critique allemande
sur nos saintes Écritures, l'histoire n'y est pour rien,
c'est la peur du miracle qui a gonflé toutes ces nuées.
Pour supprimer le miracle, on a essayé de démarquer
nos évangiles et de leur donner une physionomie
légendaire, c'est du vieux naturalisme tout simplement,
c'est la peur du miracle qui a soulevé cette poussière.
Or la peur du miracle est un cas pathologique qui
relève de la philosophie et non de l'histoire, c'est une
maladie dont peut venir facilement à bout un élève de
philosophie première année.

Les hypercritiques auraient réussi à rendre douteux,
ce qu'ils n'ont pas fait, les témoignages de nos premiers
historiens, qu'il leur resterait une autre besogne à
entreprendre, il faudrait rendre suspects tous les auteurs
ecclésiastiques et même païens du premier et de la
grande moitié du second siècle. Clément, Polycarpe,
Ignace, Papias, Hermas, Justin, Irénée, etc., en histoire
on pourrait presque les considérer comme des contem-
porains, on trouve là, ce qu'on me permettra d'appeler,
les enfants et les petits-enfants des apôtres. Croyez-
vous que leur témoignage ne vaut pas celui de vos
païens sur César? A quoi bon insister, la critique allemande pourrait effacer d'un coup d'éponge dix-neuf
siècles d'histoire qu'elle n'en serait pas plus avancée,
toutes les éponges d'Allemagne ne feraient pas disparaître le principal témoin, celui qui vaut plus que tous
les autres, un contemporain celui-là et qui vit au
milieu de nous, le christianisme. Le christianisme qui
a fait l'Europe et sa civilisation, le christianisme le plus
haut fait intellectuel qu'ait vu le monde. Demain, vous
déterreriez dans la bibliothèque du Vatican un manuscrit

de la main de Brutus affirmant que son poignard a bien porté et que César en est mort, vous n'auriez pas un témoignage comparable à celui-là et pourtant vous croyez sans peine à la mort tragique de César.

DIMITRI.

Est-ce que j'aurais la foi en admettant la révélation comme fait historique?

LE MOINE.

On dirait que vous avez peur de faire ce dernier pas, tout de raison pourtant. D'autres que vous ont eu cette peur, c'est que ce pas engage, la mort de César n'engage à rien. Eh bien! rassurez-vous, ce dernier pas fait, vous n'auriez pas encore la foi, vous auriez une croyance absolument raisonnable, ce serait tout.

DIMITRI.

Comment?

LE MOINE.

La raison mène à la foi, et en est la base humaine, mais elle ne la donne pas, Dieu seul donne la foi.

DIMITRI.

Je ne comprends plus. Est-ce que vous allez dire, comme quelques-uns des nôtres, que la foi est affaire de cœur, de sentiments, d'instinct; cela ne s'acquiert pas, on l'a ou on ne l'a pas.

LE MOINE.

Ces libres-penseurs n'ont pas tout à fait tort; et ils ont eu l'esprit assez ouvert et assez sagace pour voir une partie de la vérité.

DIMITRI.

Que vous me soulagez! Ma chère libre pensée, tu n'es pas si mauvaise qu'on voulait le dire!

LE MOINE.

Je vous permets d'adorer votre idole une dernière fois avant de la briser, mais écoutez-moi jusqu'au bout. Cette vue sur la foi qu'ont exprimée, avec une droiture dont je leur sais gré, notre Brunetière, votre Balfour, Monsieur le Docteur, même un peu votre pauvre rêveur de Tolstoï, Monsieur l'Archimandrite, renferme une part de vérité. Le fait de la révélation est bien autrement croyable que le fait historique le plus appuyé.

Il peut donc devenir une croyance humaine au même titre que toutes les autres, c'est le travail de l'homme et de sa raison; mais il faudra le travail de Dieu pour transformer cette croyance et en faire la foi. Dieu, par une touche invisible, qu'en théologie nous appelons la grâce, Dieu va prendre cette croyance humaine et va lui donner une fermeté, une stabilité, une universalité, une clarté, qui la garantira dans les luttes que les appétits livrent à la raison. Cette touche de Dieu fera que cette croyance s'emparera de l'homme tout entier, il ne croira plus seulement par son intelligence et sa raison, mais par son cœur, ses sentiments, ses affections. La touche divine lui donnera une clarté qui le guidera comme d'instinct, et ainsi sa croyance deviendra foi parce qu'elle s'appuiera sur l'autorité de Dieu révélateur.

DIMITRI.

Alors c'est l'affaire de Dieu et non la mienne.

LE MOINE.

Oui, c'est l'affaire de Dieu d'abord, puis c'est la vôtre.
Il faut vous préparer et vous rendre digne.

DIMITRI.

Comment cela?

LE MOINE.

Une bonne vie attire Dieu, une mauvaise vie l'éloigne.
Tenez-vous-en à cette psychologie très simple, croyez-
moi, elle en vaut une autre; elle vous expliquera bien
des mystères dans le monde compliqué des âmes.

DIMITRI.

Je crois comprendre... en vous quittant, permettez-
moi de vous serrer cordialement la main.

DEUXIÈME MATINÉE

DIMITRI.

J'avais pris congé et je ne devais pas revenir, je suis revenu, un peu comme le moucheron qui tourne à la lumière et risque de s'y brûler les ailes, j'espère pourtant que pareille aventure ne m'arrivera pas.

LE MOINE.

Brûler vos ailes de libre-penseur? Le mal ne serait pas grand.

DIMITRI.

Nous n'en sommes pas là, mais j'ai réfléchi et votre système... le mot n'est peut-être pas juste.

LE MOINE.

Allez toujours.

DIMITRI.

Votre système a du bon. Si j'ai bien compris, Dieu veut bien se révéler à l'homme sa créature et lui dire pourquoi il l'a fait, quelle est sa fin et les moyens d'arriver à cette fin. Je vois que votre Dieu que je croyais le mien, est tout autre. Le mien n'est que grand, le vôtre est bon ; le mien est retiré dans les profondeurs un peu nuageuses de son immensité, et pourquoi ne pas le dire, un peu dédaigneux de cet atome que je suis. Votre Dieu est condescendant, il s'approche de l'homme,

l'homme n'est plus si seul, enfin je vais dire peut-être
une sottise, votre Dieu est réconfortant au cœur de sa
pauvre créature.

LE MOINE.

Vous ne dites point une sottise. Est-ce que la bonté
amoindrirait Dieu?

DIMITRI.

Oui, il serait vraiment bon, au milieu de ce chaos
de doctrines humaines toujours contradictoires, de se
reposer en la parole de Dieu! Mais je trouve à cela une
nouvelle difficulté. Qui la gardera intacte cette parole?
Il ne faudrait pas un moindre miracle de bonté divine
pour la garder que pour la donner.

LE MOINE.

Vous dites juste, et le but à atteindre ne vous paraît-
il pas digne de ce miracle? Puisque c'est le nom que
vous donnez à la révélation, moi je ne l'appelle pas de
ce nom, mais qu'importe le mot? L'idée est la même.
Nous allons donc chercher ensemble ce que Dieu a
institué pour garder sa révélation intacte. Pour moi,
c'est une Église divinement assistée; mais c'est ce que
n'admet pas Monsieur le Docteur.

LE DOCTEUR.

Non. Nous avons un Livre que vous croyez comme
nous divinement inspiré, cela suffit. Point n'est besoin
d'un pouvoir ecclésiastique, d'une hiérarchie. Il est bon
d'avoir des docteurs, comme en toute autre science,
mais point de sacerdoce, point d'intermédiaire entre
l'homme et Dieu. Le Livre et c'est assez, l'Église n'est
pour nous que l'ensemble des croyants au Livre, unis
par la charité, ayant un seul chef qui est Jésus-Christ.

LE MOINE.

Docteur, vous n'appartenez pas à l'Église anglicane.

LE DOCTEUR.

Non, cela ne me paraît pas logique d'être d'une petite Église, quand on a abandonné la grande. Je suis un Indépendant, et nullement l'homme d'un petit cénacle. L'Église anglicane n'est qu'un petit cénacle, à l'usage de la riche société anglaise.

LE MOINE.

Vous êtes sévère pour votre Église nationale; je ne suis pas aussi sévère que vous, et je la félicite d'avoir au moins gardé les rudiments de la vraie Église, j'espère qu'un jour cela lui servira à ressusciter, et alors elle sera non pas un petit cénacle, mais une grande Église comme autrefois.

Je ne m'inscris pas en faux pourtant contre votre logique, mais il ne suffit pas d'être logique, il faut que le point de départ soit juste, et vous me permettrez de le discuter.

Le moyen que vous proposez, le Livre, n'a rien absolument qui puisse choquer la raison, mais cela ne suffit pas, c'est Dieu, ou pour parler avec précision, c'est le Christ qui doit être consulté avant tout dans la question, c'est le moyen qu'il a choisi qui est le bon.

LE DOCTEUR.

J'en conviens, mais consulter le Christ me paraît difficile.

LE MOINE.

Pas autant que vous le pensez. Grâce à Dieu, le Christ n'est point un mythe, il a vécu dans un siècle pleine-

ment historique, et sans tout connaître de sa vie, nous
en connaissons assez, par ses historiens, pour savoir
son opinion sur la question qui nous occupe, ce qu'il
a voulu pour garder son enseignement intact.

LE DOCTEUR.

Vous croyez?

LE MOINE.

Je le crois. Il a voulu un Livre, dites-vous. Ce livre,
que ne l'a-t-il écrit lui-même? Un code de doctrine et de
morale écrit de sa main, quel joyau! Non, il n'a pas
voulu cela, il s'est contenté d'enseigner de vive voix.
A-t-il au moins commandé aux siens d'écrire? Je ne
vois nulle part trace de ce commandement. Il leur a
dit d'aller et de prêcher, à tout peuple, à toute nation,
de prêcher même sur les toits ce qu'ils avaient entendu
et vu; lisez l'Évangile et vous n'y trouverez pas trace
d'enseignement par le livre, vous y trouverez toujours
l'enseignement par la parole. Les Apôtres iront et
semeront partout cette divine parole, en Israël d'abord,
puis parmi les nations, et ceux qui les écouteront, non
pas ceux qui liront, écouteront le Maître lui-même, la
divine promesse en est faite.

LE DOCTEUR.

Mais ses Apôtres ont écrit pourtant?

LE MOINE.

Je n'y contredis point; d'abord il n'y en a que deux
sur douze (je ne parle que des évangiles, les épîtres ne
sont que des écrits de circonstance), tous ont prêché.
Ce qu'ils ont écrit, est-il un code de doctrine et de morale? Il n'est pas nécessaire d'être un grand critique

pour voir à première vue que les Évangélistes n'ont pas même eu cette idée. Ils nous ont donné des mémoires, et encore Dieu sait combien peu détaillés, sans ordre, sans liaison, des fragments de discours, une doctrine et une morale le plus souvent en paraboles, presque toujours en figures, on nous avertit qu'on n'a pas tout écrit. On dirait de simples *memento* pour aider la mémoire dans un autre enseignement plus large, plus vivant et par le fait on peut admettre qu'ils n'étaient que cela. Ce que porte Pierre à Rome, Thomas aux Indes, Paul sur tous les rivages de la Méditerranée, ce n'est point un livre, c'est la bonne nouvelle sortant de leur bouche vivante accommodée à leurs auditeurs. On est barbare avec les barbares, grec avec les Grecs, l'enseignement du Maître reste intact, mais il devient du lait pour les faibles, ou une viande fortifiante pour les forts. Là encore c'est l'enseignement par la parole qui paraît d'institution divine, et on serait presque tenté de regarder le livre comme une superfétation.

Le Docteur.

Vous traitez bien légèrement nos divines Écritures.

Le Moine.

Vous prenez mes paroles trop à la lettre, je tiens les divines Écritures comme vous, pour divinement inspirées et vraie parole de Dieu, mais je veux dire qu'elles ne sont point l'institution créée par le Christ, pour transmettre aux générations qui se succéderont l'enseignement du Christ. Cette institution, c'est l'Église, enseignant, prêchant d'une parole vivante comme le Christ et ses Apôtres. Aux hommes vivants il faut une parole vivante; une parole morte peut être bonne, elle ne suffit pas.

LE DOCTEUR.

C'est votre appréciation ?

LE MOINE.

Qui n'aurait aucune valeur si elle était seulement la mienne, mais elle a été celle de toute la chrétienté pendant quinze siècles, et cette appréciation a quelque valeur.

LE DOCTEUR.

Comment cela ?

LE MOINE.

Vous oubliez, mon cher Docteur, que votre idée sur le livre ne date que du XVIᵉ siècle ? Jusque-là tous les chrétiens, et encore maintenant la grande majorité des chrétiens, tiennent que Jésus-Christ a fondé une Église pour garder la parole divine et l'enseigner en son nom, le livre sacré est un témoin fidèle, il n'est pas d'ailleurs le seul, mais ces témoins ne peuvent que déposer en faveur de la vraie doctrine; l'autorité qui enseigne, définit, est dans l'Église.

LE DOCTEUR.

Ce n'est pas mon opinion. Monsieur l'Archimandrite, est-ce que vous pensez comme le Père ?

L'ARCHIMANDRITE.

Je crois connaître votre méthode. Le livre lu, examiné, médité, commenté par des docteurs au besoin, mais liberté complète laissée à chacun de suivre le sens particulier qu'il attache à la parole de Dieu, point d'autorité pour déclarer un sens officiel que chacun devra accepter.

LE DOCTEUR.

C'est cela.

L'ARCHIMANDRITE.

Eh bien! mon cher Docteur, cette méthode a un nom, le libre examen, et je suis obligé de vous dire que nous ne pouvons l'accepter.

Le libre examen, l'expérience en est faite, ne produit que la division, il fait pulluler dans la famille chrétienne les petites Églises, sœurs ennemies, et en si grand nombre, que le catalogue, qui d'ailleurs n'est jamais clos, en serait difficile à établir. Je me suis toujours demandé quel pouvait bien être l'état de conscience d'un fidèle du libre examen, au milieu de ce chaos de croyances que présentent à son âme chrétienne ses Églises disparates. A-t-il jamais prononcé entre elles, pour en suivre une avec sûreté? Son anxiété doit être profonde si sa foi veut être sérieuse, et si toute sa religion ne consiste pas simplement en une certaine sentimentalité vague qui lui fait illusion, et lui fait croire qu'il a une religion, quand il n'a que de l'imagination.

LE DOCTEUR.

Nous sommes solidaires, Monsieur l'Archimandrite, prenez garde, nous serons dévorés tous les deux, si nous ne faisons pas cause commune.

L'ARCHIMANDRITE.

Mon cher Docteur, malgré mon désir de vous être agréable, je suis obligé de vous abandonner sur ce point-là, c'est un point capital et qui me paraît en opposition avec la tradition de toute la famille chrétienne. La famille chrétienne tout entière, pendant quinze siècles, a admis sans contestation d'aucune sorte que

Jésus-Christ a fondé une Église, chargée d'enseigner en
son nom la doctrine chrétienne. Les fidèles ne se fai-
saient point leur foi, ils la recevaient de l'Église, et le
mot du Christ était pris à la lettre : « Qui vous écoute,
m'écoute; qui vous méprise, me méprise »; c'est toujours la loi.

Le Docteur.

Mais il y a un fait contre votre loi, c'est un fait historique qui ne peut être nié, c'est que dans la famille
chrétienne il y a toujours eu des dissidents, même du
temps des Apôtres, on pratiquait donc le libre examen.

L'Archimandrite.

Ce fait est la plus éclatante condamnation de votre
système.

Le Docteur.

Comment?

L'Archimandrite.

Il y a toujours eu des récalcitrants à l'autorité de
l'Église, parce que l'homme est libre; et, comme vous
le disiez, au temps des Apôtres il y avait des contemp-
teurs de la parole du Christ, il y en a toujours eu depuis,
mais aussi toujours la famille du Christ les a condamnés et rejetés de son sein, et le plus grand nombre de
ces récalcitrants sont morts et bien morts, le reste n'en
vaut guère mieux. Ainsi les sectes gnostiques, les
Donatistes, les Ariens, les Nestoriens, etc., etc.
Vos réformateurs du xvie siècle ont changé tout
cela, ils ont apporté un principe nouveau qui condam-
nait quinze siècles de christianisme, et nous donnait un
christianisme nouveau qui supprimait l'Église ensei-
gnante et lui substituait le livre, c'était un peu tard
connaître la vraie pensée du Christ. Avouez que pour

un tel changement, ce n'était pas trop d'une révélation nouvelle, et vos réformateurs modernes ne portaient pas précisément au front l'auréole des prophètes.

Le Docteur.

M. l'Archimandrite m'abandonne, Monsieur le Chevalier de la libre pensée, je compte sur vous. Nous défendons tous deux le même principe, la liberté de penser.

Dimitri.

Mon cher Docteur, les libres-penseurs aiment la logique, et logique vous ne me semblez pas l'être ici. Je pourrais admettre comme vous que Dieu a bien pu révéler aux hommes ce qu'ils doivent croire, mais je n'admettrais pas alors qu'un livre est une institution suffisante pour tenir le monde dans l'unité de croyance, ce qui pourtant est de rigueur, car Dieu n'a pas révélé deux doctrines. Un livre même divin ne me paraît pas plus une institution pour diriger la grande famille chrétienne qu'un code (votre livre n'est pas même un code) ne serait une institution de gouvernement pour une nation. Un livre qui gouverne, cela ne se discute pas, c'est l'anarchie. C'est pourtant là votre système, aussi voyez le résultat : vous êtes divisés en petits cénacles, comme vous dites, qui ont autant de systèmes d'interprétation que les libres-penseurs de systèmes philosophiques. Ce ne serait pas la peine de quitter une confusion pour retomber dans une autre.

Le Moine.

Je ne vous laisserai pas aller, Docteur, sans vous faire un reproche que vous méritez bien. Vous avez dit une vieillerie que se permettaient autrefois des théologiens en détresse et qu'on ne se permet plus; aujourd'hui on ne dit rien si on n'a rien à dire, or la phrase que je vous reproche ne dit absolument rien.

Tous les hérétiques et schismatiques aiment à enfler la voix quand ils disent ce mot vide : nous n'avons point d'autre chef que Jésus-Christ. Jésus-Christ n'est chef que de ceux qui gardent sa parole, prouvez d'abord que vous l'avez gardée fidèlement et on vous écoutera, jusque-là vous n'avez dit qu'une formule commode à tous les révoltés.

Docteur, je ne fais l'application de cette dernière parole à personne, mais je voulais seulement vous montrer que vou⁻ ⁻ous êtes fourvoyé en répétant une formule qu'il faut laisser aux ignorants.

DIMITRI.

J'avoue que je ne suis point satisfait. Monsieur l'Archimandrite, ne pourriez-vous me donner quelque chose de plus pratique et surtout de plus sûr?

L'ARCHIMANDRITE.

Nous admettons nous, ce que nous ont transmis nos Pères, une Église fondée par le Christ. Cette Église garde intacte la doctrine du Christ et l'enseigne avec autorité, elle conduit les fidèles à Dieu en leur montrant la vraie voie qui y mène et les sanctifie par les sacrements. Cette Église se compose d'Églises particulières qui ont leur gouvernement propre, leur chef particulier et sont indépendantes les unes des autres, c'est pourquoi nous les disons autocéphales.

DIMITRI.

Fort bien, mais ce ne sont pas vos Églises particulières qui m'intéressent, c'est l'Église de Jésus-Christ

qui, seule, est l'institution dont j'ai besoin pour garder
la parole de Dieu. Cette Église-là qui se compose de
toutes les Églises particulières, quel est son gouvernement et son chef?

L'ARCHIMANDRITE.

Son gouvernement, son chef, c'est le Concile œcuménique qui, seul, a une autorité plénière et infaillible.

LE DOCTEUR.

Une question, Monsieur l'Archimandrite, les Églises
particulières peuvent-elles se subdiviser à l'infini, et
suffira-t-il à un groupe de fidèles de se donner ainsi une
tête et de se constituer par là même indépendant?

L'ARCHIMANDRITE.

Non, nous ne permettons cela qu'à un peuple, à une
nation. Les Églises nationales seules sont autocéphales.

LE DOCTEUR.

Et c'est dans l'Évangile que vous avez trouvé cela.

L'ARCHIMANDRITE.

Pas précisément.

LE DOCTEUR.

Est-ce au moins dans un Concile? Je vous prierai de
me citer ce Concile-là, je n'en connais point pour ma
part qui ait donné ce privilège aux Églises nationales
et l'ait refusé aux autres.

L'ARCHIMANDRITE.

Je n'en connais pas plus que vous.

LE DOCTEUR.

Le Christ n'a pas fondé des Églises nationales, j'en ai pour garant la parole de Paul. Dans l'Église du Christ, il n'y a ni grec, ni scythe, ni barbare. Ces Églises nationales ne sont ni de fondation divine, ni de fondation ecclésiastique, elles sont d'invention moderne. Henri VIII a fondé l'Église anglicane, et les patriarches de Constantinople les Églises roumaines, serbes, etc. Je voudrais bien savoir qui leur a octroyé ce droit? Est-ce parce qu'Henri VIII voulait épouser Anne de Boleyn, qu'il a été investi de cette prérogative? Et l'Église de Constantinople, elle qui n'était pendant les premiers siècles qu'un modeste satellite de l'Église d'Héraclée, a-t-elle trouvé dans le casque de Constantin la Charte qui lui permettait de créer des Églises autocéphales. Je sais qu'il ne faut pas trop lui en vouloir, elle ne l'a fait que malgré elle, car ses filles avaient derrière elles une épée, elle, au contraire, n'avait plus même un cimeterre. C'est donc le pouvoir civil qui a fait cela. Vous faites de ce pouvoir le suprême régulateur de l'Église. Est-ce encore dans l'Évangile que vous trouvez cela? Est-ce dans la tradition? Et vos grands docteurs admettaient-ils cette servitude de l'Église? Je ne le pense pas.

L'ARCHIMANDRITE.

Vous vous trompez, nous ne reconnaissons point l'autorité suprême au pouvoir civil sur le spirituel.

LE DOCTEUR.

C'est la théorie. Je sais bien qu'on dit très haut que le chef de l'État n'est que le premier sujet de l'Église dans les choses spirituelles. On y met une certaine bonne foi de part et d'autre, mais qu'importe la bonne foi?

Les faits sont là, l'empereur ou le roi, ou la nation, ont la main sur le côté tangible de l'Église, et ne laissent à l'autorité ecclésiastique que les régions de l'invisible, et à ce compte-là l'Église devient bien vite un instrument aux mains de la politique, elle doit en partager les intérêts, en suivre les tendances, en épouser les haines ou les amitiés et finalement être anglaise, russe, grecque, bulgare, etc., et s'éloigner peu à peu de la grande communion chrétienne qui doit rester large comme le monde. C'est diviser là où il fallait unir, c'est le particularisme là où il faut l'universel.

DIMITRI.

Il est à craindre, en effet, que ce particularisme ne désagrège l'édifice bâti par le Maître, et qu'il n'en reste que des pierres dispersées.

L'ARCHIMANDRITE.

Je vous ai dit le remède. Le Concile œcuménique avec sa pleine et infaillible autorité tiendra liées toutes les pierres de l'édifice et en fera une Église *une*.

DIMITRI.

Je comprends. Mais si le Concile venait à disparaître ou son autorité à être méconnue, l'Église disparaîtrait du coup, nous aurions des pierres dispersées, mais point l'édifice.

L'ARCHIMANDRITE.

J'en conviens.

LE DOCTEUR.

Je ne veux point me venger, mon cher Archimandrite, de ce que vous m'avez abandonné, je veux sim-

plement savoir comment vous arrangez dans vos Églises
d'Orient, la pratique avec la théorie?

L'ARCHIMANDRITE.

Notre pratique répond à notre théorie.

LE DOCTEUR.

Pas tout à fait.

L'ARCHIMANDRITE.

Comment cela ?

LE DOCTEUR.

Le Concile de Florence était un Concile œcuménique
autant et peut-être plus que vos sept fameux Conciles.
Toutes les Églises du temps y étaient représentées, y
ont souscrit, pourquoi avez-vous plus tard méconnu son
autorité?

L'ARCHIMANDRITE.

Il était entaché de politique.

LE DOCTEUR.

Je sais un peu l'histoire, et pour politique, le Concile
de Florence l'était moins que les sept autres. Les autres
avaient surtout été rassemblés sur l'initiative des empereurs avec l'assentiment de l'évêque de Rome; celui de
Florence avait été rassemblé par l'initiative de l'évêque
de Rome, un homme d'Église, l'empereur y avait été
convié, il est vrai; dans les autres il se conviait lui-
même, ce n'est pas précisément une raison de croire
que les autres fussent moins politiques.

L'ARCHIMANDRITE.

Nous ne pouvons pas recevoir ce Concile.

Le Docteur.

Je sais qu'il vous condamne en affirmant la suprématie du Pape, mais faites attention : si tous les condamnés peuvent juger le Concile et rejeter son autorité, le Concile, autorité plénière et infaillible, disparaîtra et vous savez la conséquence, l'Église *une* disparaît du coup, c'est vous-même qui l'avez dit, votre pratique et votre théorie ne vont plus de pair.

L'Archimandrite.

Nous admettons toujours l'autorité infaillible du Concile, l'Encyclique du Patriarche de Constantinople le disait encore dernièrement.

Le Docteur.

En paroles je le crois, mais de fait, non. Un autre fait historique le prouve et vous savez, rien n'est brutal comme un fait.

L'Archimandrite.

Quel fait?

Le Docteur.

Un fait tout récent. On vous a convié au Concile du Vatican et vous avez refusé d'y assister. Vous n'avez donc point confiance dans l'autorité infaillible du Concile œcuménique. Celui-là certes ne pouvait être politique, il était convoqué en dehors de toute autorité séculière et aucun représentant du pouvoir civil n'y fut admis.

L'Archimandrite.

Nous voulions auparavant des garanties, et la première était que les choses fussent préalablement mises dans l'état où elles se trouvaient au moment de la séparation, c'est-à-dire que l'Église romaine retranchât toutes les nouveautés qu'elle avait introduites depuis la scission.

LE DOCTEUR.

L'Église romaine n'avait-elle point quelques nouveautés aussi à vous reprocher? Lorsque tout à l'heure nous parlions des Églises autocéphales, vous étiez obligé de dire que ni l'Évangile, ni les Conciles, ni les Pères, n'avaient connu cette doctrine des Églises nationales, seules autorisées à se donner une tête indépendante. Vous étiez alors, pardonnez-moi l'expression, vous étiez dos à dos et c'était précisément au Concile à trancher la question; le Concile, d'après votre doctrine, donne raison à qui a raison, et tort à qui a tort. Votre refus devient un aveu. De plus, que faites-vous de votre principe que le Concile est l'autorité plénière, suprême et infaillible pour toutes les difficultés qui surviennent dans l'Église?

L'ARCHIMANDRITE.

Nous avions besoin de prendre nos précautions, nous aurions été accablés par le nombre. Qu'auraient pu nos quatre-vingt millions d'orthodoxes contre les deux cent cinquante millions de l'Église romaine?

LE DOCTEUR.

C'est une autre manière d'anéantir l'autorité des Conciles; si une infime minorité peut légitimement refuser le Concile parce qu'elle prévoit qu'elle sera condamnée, avouez que le Concile n'est plus rien. Il fallait faire comme nous; nous aussi, nous pouvions assister au Concile de Trente, nous avons été plus logiques, et il faut bien le dire, plus loyaux, nous avons nettement nié l'autorité des Conciles. La pratique et la théorie étaient d'accord, faites de même; malheureusement pour vous, vous n'auriez plus l'Église telle que vous l'enseignez à vos fidèles, une Église autoritaire, sacerdotale, hiérarchique, mais cela vous serait un soulagement, vous ne vivriez plus sur une équivoque, car l'équivoque existe, vous reconnaissez l'autorité des Conciles à condition qu'ils pensent comme vous ou qu'il n'y en ait point, et c'est pour cela sans doute que, depuis votre séparation, vous n'avez point eu de Concile et n'en aurez point de l'aveu de vos théologiens. Voilà qui est très commode, admettre une autorité infaillible et plénière, à condition qu'elle ne parlera jamais ou dira comme nous, les anarchistes doivent admirer cette habileté. Pour ma part, je vois que cette anarchie qu'on nous reproche si volontiers, n'existe pas que chez nous.

DIMITRI.

Docteur, vous ne vous vengez pas puisque vous le dites, mais votre impitoyable logique m'a bien l'air de le faire pour vous.

LE DOCTEUR.

Mes raisonnements tombent-ils à faux?

DIMITRI.

Je ne dis pas cela.

LE MOINE.

Voulez-vous me permettre de résumer la question en vous disant ma pensée?

LE DOCTEUR.

Dites, mon Père, on oublie trop en ce temps d'effacement intellectuel et moral, une parole du Christ que j'ai toujours singulièrement aimée, c'est la vérité qui délivre.

Le Moine.

Eh bien ! ma pensée, la voici tout entière.

Les premiers coupables, je ne dis pas les plus grands, dans cette déplo.able scission, furent les empereurs byzantins. Ils étaient les successeurs des empereurs païens; et il semble qu'ils n'oublièrent jamais qu'au titre de César leurs prédécesseurs joignaient le titre de Souverain Pontife; difficilement ils acceptèrent le partage des deux pouvoirs, *à Dieu ce qui est à Dieu, à César ce qui est à César*. César qui avait porté les bandelettes voulait porter aussi la couronne sacerdotale. L'ambition des Évêques de Constantinople caressa ce rêve impérial, je ne veux pas dire que tous les Évêques de Constantinople furent des ambitieux, mais on ne risquerait guère d'être injuste en disant que ce fut le grand nombre. Eux qui n'étaient autrefois que les humbles suffragants du métropolitain d'Héraclée, devenus tout à coup les Évêques de la seconde Rome perdirent un peu la tête et voulurent avoir au moins le second rang après l'évêque de Rome. Ils s'enhardirent peu à peu en leurs prétentions et voulurent obtenir les mêmes privilèges que le Pontife romain. L'ambition ne s'arrête pas. Ils se déclarèrent œcuméniques et enfin s'affranchirent, comme ils le dirent, du joug papal.

En cette lutte, il était nécessaire d'avoir l'appui des empereurs, « et pour cela on flattait leur manie de grand-prêtre, de sacristain », disait Frédéric, l'ami de Voltaire. — Pour s'affranchir il fallait faire un pas de plus, il fallait, au moins tacitement, reconnaître à César le suprême pouvoir dans l'Église, car c'est lui qui allait prononcer, en dernier ressort, l'affranchissement de l'Église de Byzance. Le pas fut fait, et pratiquement l'Église de Constantinople posa ce principe que l'État prime l'Église, principe qui sape en ses fondements l'Église du Christ.

Les principes bons ou mauvais se développent en leurs conséquences logiques, quoi qu'en aient les hommes, c'est la loi de l'histoire. Le principe posé par l'Église de Constantinople se développa contre elle bien cruellement. Il n'y eut plus si mince principicule qui ne voulût avoir son Église indépendante, autocéphale, pour en être lui-même la tête, et l'Église de Constantinople se vit démembrer pièce à pièce, jusqu'à ce qu'il n'en restât plus que ce tronc sans branches que nous connaissons; elle si fière! qui décernait avec tant de complaisance le titre d'œcuménique à ses Patriarches! L'œcuménique n'est plus qu'un vain mot, et en ce mot quelle ironie amère à l'heure présente!

Ce n'est pas là pourtant la conséquence la plus regrettable du faux principe posé, il y en a une autre à jamais déplorable celle-là.

L'ARCHIMANDRITE.

Que voulez-vous dire?

LE MOINE.

Ces Églises indépendantes, autocéphales, sont autant de membres séparés qui ne peuvent plus s'unir pour former *une* Église, et le *Credo* pourtant continue à dire *une* Église. On a vu cette grave conséquence, et on a cherché un lien d'unité dans le Concile œcuménique, mais le Concile œcuménique s'est tourné contre ces malheureuses Églises, et elles se sont condamnées elles-mêmes à Florence en admettant que l'unité de l'Église se faisait dans le Souverain Pontife. Elles ont pris le parti alors de décliner tout Concile œcuménique; d'ailleurs elles ont compris bien vite que les maîtres qu'elles se sont donnés ne toléreraient pas des assemblées dans lesquelles ils n'auraient pas même voix consultative. Ce lien d'unité, qui n'est d'ailleurs qu'intermittent et partant insuffisant, venant à leur échapper, quelques-uns de leurs adhérents, je ne dis pas de leurs théologiens, ont risqué ce mot; le mot de tous les hérétiques et schismatiques qui n'ont plus rien à dire : notre lien d'unité est dans le ciel en Jésus-Christ notre chef. Ce n'est pas un lien du ciel qu'on vous demande, c'est un lien de la terre, car vos Églises disjointes qu'il faut unir sont sur la terre. Elles restent donc, ces Églises, irrémédiablement fractionnées en tronçons séparés qui ne peuvent se rejoindre, et alors voici la conséquence inéluctable et grave entre toutes : ces Églises ne sont pas l'Église fondée par le Christ qui a dit : « Je bâtirai *mon* Église », et non pas des Églises. Autre conséquence plus grave s'il se peut, elles n'ont point les promesses, car les promesses sont faites à l'Église et non pas aux Églises particulières. Les Églises particulières peuvent errer, et les portes de l'enfer peuvent prévaloir contre elles. Le Saint-Esprit ne leur est point donné pour leur enseigner toute vérité, être leur souffle de vie et les animer. Le Christ n'est point avec elles, comme il l'a promis à l'Église jusqu'à la consommation des siècles, et ce que je dis pour les Églises orthodoxes, je le dis pour l'Église anglicane et toutes les autres qui s'isolent dans leur particularisme.

Vous avez ma pensée tout entière. J'espère vous l'avoir donnée sans amertume, du moins je n'ai aucune amertume dans le cœur, mais je vous l'ai donnée avec franchise, je tiens que c'est la bonne méthode.

L'ARCHIMANDRITE.

Vous nous permettrez la même franchise demain, quand nous traiterons de l'Église catholique.

LE MOINE.

Je vous le demande comme une grâce, nous cherchons à nous entendre, et le meilleur moyen est de parler sans détour.

TROISIÈME MATINÉE

Dimitri.

Je m'attarde, et pourtant Galata me réclame, c'est que, mon Père, j'ai un grand désir de connaître enfin ce que l'Église catholique enseigne sur l'institution établie par le Christ pour garder intact le dépôt de la révélation et le transmettre fidèlement aux générations qui se succèdent.

Le Moine.

L'institution que vous cherchez, mon cher Dimitri, se trouve très nettement et très clairement consignée dans l'Évangile, et il n'est point nécessaire pour la connaître d'être un grand docteur, il suffit de savoir lire; il est vrai que bon nombre de docteurs en arrivent à ne plus savoir lire.

Ouvrez l'Évangile, vous y trouverez ceci : « Jésus-Christ choisit douze de ses disciples auxquels il donna le nom d'apôtres, et il leur dit : « Prêchez l'Évangile... » c'était leur donner le droit et leur imposer le devoir d'enseigner sa parole; « Baptisez au nom du Père, du Fils et du Saint-Esprit, les péchés seront remis à ceux à qui vous les remettrez, et retenus à ceux à qui vous les retiendrez », et à la dernière Cène : « Faites ceci en mémoire de moi »; ils recevaient par là le pouvoir et avaient le devoir de conduire les fidèles dans la voie du salut en leur administrant les sacrements; enfin Jésus-Christ

ajouta : « Ce que vous lierez sera lié, ce que vous délie-
rez sera délié », ils auront autorité, pourront commander et gouverner; ce sera leur droit, aux fidèles le devoir
d'obéir.

Par ces simples paroles, l'Épiscopat était fondé,
l'Ordre des Évêques institué. Tous avaient un droit égal,
et par là même ils ne devaient pas commander à tout le
troupeau, car le commandement sur les mêmes sujets
par plusieurs ayant un droit égal, ne peut arriver qu'à la
confusion. Les Évêques donc sont appelés par Jésus-
Christ à avoir soin d'une partie du troupeau et là avec
droit d'enseigner, d'administrer les sacrements par eux-
mêmes ou par des prêtres qu'ils s'adjoindront, de gouverner et de commander avec autorité, ce qui ne veut
pas dire sans contrôle d'une autorité plus haute, car qui
ne gouverne qu'une partie, n'a qu'une part de l'autorité.

Qui aura l'autorité tout entière? Qui gouvernera le
troupeau? Jésus-Christ veut un seul bercail et un seul
troupeau.

Parmi les douze, Jésus-Christ en choisit un qui a déjà
ce qui est commun aux douze, mais qui va recevoir un
pouvoir propre à lui seul; il change son nom et lui
donne un nom de vocation : « Tu es Pierre, et sur cette
pierre je bâtirai mon Église », et comme un édifice repose tout entier sur le fondement, c'était déclarer assez
l'universalité du pouvoir de Pierre, sur qui repose
l'Église tout entière. « Je te donnerai les clefs du
royaume des cieux », de sorte que nul ne peut entrer et
faire partie de l'Église sans lui, sans sa communion, il
a la clef et qui ne veut pas être sous cette clef, ne fait
pas partie de l'Église. « Confirme tes frères », par con-
seils, par direction, par autorité au besoin, confirme-les
dans la foi et dans leur enseignement, j'ai promis d'être

avec eux et j'y serai par ma grâce, mais « Satan a demandé à vous cribler », et plus d'un pourra défaillir, pourtant « j'ai prié pour toi », d'une manière spéciale sans doute, « afin que ta foi ne défaille pas »; ainsi pleine sécurité est donnée aux Évêques et aux fidèles que la foi de Pierre est ferme et ne faillira pas quand il enseignera le troupeau. Enfin Jésus-Christ ajoute : « Ce que tu lieras sera lié, ce que tu délieras sera délié. » Cela avait été dit aux Évêques, mais pour une partie du troupeau; ici, c'est pour le troupeau tout entier, fidèles et pasteurs, car dans un dernier dialogue inoubliable, après la résurrection, alors que Jésus-Christ allait quitter la terre, il dit à Pierre qui avait protesté l'aimer plus que les autres : « Pais mes agneaux, pais mes brebis », mes agneaux les fidèles, mes brebis les Évêques, je te remets tout le troupeau. Ainsi fut établie l'autorité du chef suprême. Ainsi fut réglée divinement la constitution de l'Église.

Les agneaux et même les brebis sont sûrs de toujours trouver là inviolés les enseignements du Christ et la vraie voie du salut, et par surcroît, cette paix de la conscience que Jésus-Christ aimait à souhaiter aux siens.

Le Docteur.

C'est beau, c'est grand, c'est simple, approprié au but, et ne sortant pas du plan général appliqué à l'humanité, qui ne vit pas sans autorité; je ne puis nier que cette institution porte les marques des œuvres divines.

Le Moine.

Cette constitution divine entra en vigueur aussitôt après que le Maître fut remonté aux cieux; nos Écritures, pourtant si laconiques, nous le disent clairement. Pierre inaugure la prédication évangélique le jour de la Pentecôte, et introduit par le baptême les premiers fidèles dans le royaume désormais constitué. Il préside le Collège des Apôtres pour l'élection de Mathias et au Concile de Jérusalem. Il reçoit dans une vision l'ordre d'ouvrir la porte du bercail aux Gentils comme aux Juifs. Partout, en toute occasion, il parle et agit en chef. Enfin il établit définitivement son siège à Rome et il y meurt, ce qui convenait; Rome était la tête du monde et il était la tête de l'Église.

Les premiers siècles furent fidèles à la constitution donnée, nous voyons les Évêques à la tête de leur troupeau particulier, et le chef suprême, le Pape de Rome, à la tête du troupeau tout entier pour le diriger, le conduire et le gouverner. Dès les temps apostoliques, Clément intervient avec autorité à Corinthe, dans un conflit qui s'était élevé dans cette Église; il est obéi, et sa lettre reçue presque à l'égal des saintes Écritures, on la lisait dans l'assemblée des fidèles. Saint Jean pourtant était encore vivant à Éphèse, sur le rivage d'à côté, ce n'est pas lui qui intervient. Saint Polycarpe, disciple de saint Jean, se rend à Rome, pour essayer d'arranger avec le Pape une simple question de liturgie, la fixation de la Pâque. Saint Ignace d'Antioche, le grand martyr, écrit à l'Église de Rome : « Vous avez enseigné les autres; moi je veux que tout ce que vous prescrivez par votre enseignement demeure incontesté », et saint Irénée, le disciple de Polycarpe, écrira à son tour : « La prééminence de cette Église est telle que nécessairement toute Église s'accorde avec elle. »

Au IIe siècle, un fait est plus significatif encore. Le pape Victor, voulant trancher définitivement la question de la Pâque qui avait tant agité l'Orient, commande à tout l'Orient d'assembler des Conciles, et les plus obstinés obéissent. C'est ainsi que Rome, dans les trois premiers siècles, intervenait en Asie, en Afrique, à Alexandrie, à Antioche, à Ephèse, jusqu'à Edesse, dans les questions de droit, de liturgie ou de dogme. Les preuves, je pourrais les multiplier, je serais trop long. Mais, permettez-moi de vous présenter dans les siècles qui suivent les deux plus grandes figures de l'Orient, Athanase et Chrysostôme qui recourent à l'autorité du Pape contre leurs frères orientaux qui les avaient condamnés; et enfin l'Église de Constantinople qui, par sa lutte de près de cinq siècles pour échapper à l'autorité du Pape, devient le témoin le plus irréfragable de sa suprématie.

C'est ainsi que la famille chrétienne se soumit à la Constitution divine pendant neuf siècles. Je ne tiens pas compte des schismes passagers ou des sectes hérétiques qui sont mortes; on peut dire que la grande masse du monde chrétien fut ainsi régie jusqu'à la scission du ix siècle, et on peut ajouter que depuis même l'autre déchirement du xvi siècle, la grande majorité du monde chrétien n'a pas admis d'autre constitution que celle que j'ai dite. C'est à celle-là, Messieurs, qu'il faut revenir si nous voulons loyalement et sincèrement l'union de tous les chrétiens en une seule famille.

Le Docteur.

Vous connaissez, mon Père, je le sais, une parole sortie d'une bouche royale et catholique: «L'union ne se fera qu'avec des concessions mutuelles.» Vous avez aussi entendu peut-être cet autre mot dit par quelqu'un qui compte dans le monde grec: « Ce qu'on nous demande, ce n'est pas une union, mais une capitulation. »

Eh bien! non, car nous nous ferons des concessions mutuelles.

Nous nous désagrégeons de plus en plus, et je ne sais pas où nous irons avec nos divisions sans fin. Il faut un centre d'unité à la famille chrétienne; que le Pape soit centre, qu'il soit le premier, qu'il conseille, qu'il dirige par ses avis, qu'il avertisse, qu'il reprenne même au besoin, mais de grâce point d'autorité qui s'impose! Faites-nous cette concession!

LE MOINE.

Cette concession ne vous sera jamais faite. Voyons, Docteur, vous voulez un centre d'unité et vous proposez pour cela, quoi? Un centre de persuasion! Y avez-vous pensé? J'en appelle à votre bon sens anglais, combien d'heures, croyez-vous, durerait l'empire britannique devant les revendications des socialistes de Londres et des rajahs de l'Inde, si le gouvernement de la Reine, son parlement et ses ministres n'étaient qu'un gouvernement de persuasion?

LE DOCTEUR.

Je ne suis pas loin de penser que j'ai dit une sottise.

LE MOINE.

Ce n'est pas seulement pour cette raison de simple bon sens qu'on ne fera jamais cette concession, mais cette concession nul ne la peut faire; ni Évêques, ni Empereurs, ni Pape n'y peuvent rien.

Jésus-Christ a bâti lui-même son Église sur le plan qu'il a voulu. « Je bâtirai mon Église », et le téméraire qui voudrait remanier ce plan, devra se souvenir des paroles qui suivent : « Et les portes de l'enfer ne prévaudront point contre elle. »

Que le venin du vieux serpent est difficile à expulser de nos veines, et que son cri de révolte : « Je n'obéirai pas » est difficile à déraciner de nos cœurs! Oui, la soumission dans l'obéissance est difficile à l'homme.

Le Docteur.

J'avoue que la soumission dans l'obéissance est difficile à l'homme, mais la modération dans le commandement ne l'est guère moins. Je concède que l'orgueil fait les révoltés, mais le venin du vieux serpent est aussi dans les veines de ceux qui commandent. On croit en multipliant les ordonnances, les prohibitions, les lois, qu'on va tout corriger, on est poussé par l'insoumission des sujets, et on juge bon d'appuyer sur son autorité à mesure qu'elle est plus contestée. On se fait cette belle illusion qu'en tout cela on ne se propose que le bien. Si on écoutait bien sa conscience, le plus souvent on distinguerait sans peine le sifflement du vieux serpent: « Vous serez comme des dieux. » Il est si bon pour l'orgueil de faire sentir aux autres qu'on est le maître! Je suis convaincu, pour ma part, que les gouvernements ont souvent leur part de responsabilité dans l'insoumission des sujets, en exagérant leur autorité à leur profit personnel. Le gouvernement des Papes n'a pas toujours su éviter cet écueil.

Le Moine.

Vous nous avez dit, je crois, que vous appartenez à l'Église indépendante?

Le Docteur.

Et vous trouvez que je suis en train de le prouver?

LE MOINE.

Peut-être.

LE DOCTEUR.

Vous me permettrez de dire toute ma pensée?

LE MOINE.

Assurément, nous sommes ici pour cela.

LE DOCTEUR.

Eh bien! non. Les Papes n'ont pas toujours su se
garantir de ce péril. Ils ont multiplié les ordonnances,
les commandements, les défenses, les lois, les censures,
les réserves, les recours à Rome; tout cela forme un
réseau à mailles serrées où il est difficile de se mouvoir.
Ce n'est pas de votre droit canon dont on pourrait dire :
Ce joug est doux et ce fardeau léger.

LE MOINE.

Vous accorderez pourtant que l'Église étant une
société constituée doit avoir son droit comme toute
société.

LE DOCTEUR.

J'en conviens, mais ne pourrait-il être allégé ce droit?
Vous ne savez pas comme nous, qui sommes encore
dehors, redoutons cette autorité... si pressante, rien ne
lui échappe, on trouve sa main partout, dans les petites
comme dans les grandes choses. A chaque détour du
chemin de la vie chrétienne, on craint de rencontrer un
commandement, une prohibition, une peine ecclésiastique, une décision de Congrégation. Les méchants en
deviennent-ils meilleurs? Et n'y a-t-il pas crainte qu'ils
arrivent au mépris devant une législation si chargée,
tandis que les bons se sentent pris de troubles et d'in-

quiétudes qui les paralysent? Rien ne fatigue à la longue l'obéissance la plus soumise comme cette autorité toujours en activité qui finit par enlever, sans trop s'en douter, toute initiative aux autorités secondaires et toute libre expansion, même dans le bien, aux subordonnés. Puis le pauvre genre humain est si défaillant que trop d'autorité au lieu de le soutenir, l'accable. Dieu n'a fait que dix commandements, et déjà l'homme crie miséricorde tant il se sent misérable. Que sera-ce si c'est par centaines qu'on ajoute à son fardeau? Croyez-moi, mon Père, ce qui nous arrête, c'est plus ce que je viens de vous dire, que la reconnaissance d'une autorité dans l'Église. Au fond nous avons tous le vague pressentiment qu'un centre d'unité et d'autorité est nécessaire. Je vais plus loin, nous sentons tous que, devant les passions humaines, cette autorité doit être forte et s'affirmer sans ambages dans les hautes questions qui regardent les grands intérêts de la famille chrétienne, mais de grâce, qu'elle laisse plus de jeu aux ressorts de ce mécanisme chrétien dont elle est le moteur. Là gît, soyez-en sûr, toute la difficulté de l'union, et aussi toute sa solution. Je suis sûr de n'être pas démenti par Monsieur l'Archimandrite.

L'ARCHIMANDRITE.

Mon cher Docteur, vous avez si bien rendu mes pensées que je ne puis que confirmer vos paroles. Je connais un peu le monde orthodoxe, et je crois pouvoir vous dire que, parmi nous, les hommes qui pensent et qui sont accessibles aux vraies idées religieuses, souffrent de cette scission qui a duré trop longtemps et tournent leurs regards vers cette *vraie* grande Église, cette Église mère où surabonde la vie chrétienne qui nous a un peu quittés, mais la difficulté est où vous avez dit. On prête

aux Grecs un mot souvent répété, « le turban plutôt que
la tiare ». Le mot n'a peut-être pas été dit, mais il carac-
térise bien votre difficulté et la nôtre.

Le Docteur.

Pour moi, ma conviction intime, c'est que le Pape, qui
d'une main ferme appuierait au gouvernail et lancerait
résolument la barque de Pierre en haute mer, où les
eaux sont plus libres, rallierait à lui toutes les bonnes
volontés de la famille chrétienne, et bientôt il n'y aurait
plus, selon la parole du Maître, qu'un seul troupeau et
un seul pasteur, les autres s'en iraient au scepticisme,
ils y sont déjà. En fait d'union possible, il n'y en a pas
d'autre.

Le Moine.

Votre dernière parole, Docteur, si grande d'espérance, m'interdit de relever ce que je pourrais discuter
et même contester dans les autres. Passons donc. Nous
cherchons ce qui unit, non ce qui peut aigrir. Je vous
dis donc qu'ici vous ne rencontrerez point la même in-
transigeance que dans la première question. Sur le
dogme, le Pape ne peut transiger; sur la discipline, et
vous n'avez parlé que de la discipline, si j'ai bien compris, il en est tout autrement. La discipline peut varier,
et a varié dans l'Église. Le Christ a donné à son Église
le pouvoir de s'accommoder aux temps, aux lieux, aux
circonstances, aux nécessités, dans ce que j'appellerai
sa vie accidentelle. L'Église est forte et souple en même
temps, comme tout ce qui vit. On pourra donc là, pour
me servir de la parole royale, trouver des concessions.
Léon XIII le laisse pressentir dans ses lettres si débor-
dantes de charité pour ses Frères du dehors et l'occasion
est propice. Le Concile du Vatican a défini si clairement

la suprématie du Pape, qu'il ne peut y avoir prétexte à la moindre chicane, il faudra être ouvertement un révolté ou un obéissant. Une autorité si assurée peut être plus condescendante sans aucun péril, et si le monde chrétien tout entier l'acceptait loyalement et d'un seul cœur, je ne dis pas qu'on ne pourrait point lancer en haute mer la barque de Pierre, qui naviguerait plus assurée dans des eaux plus libres. Il ne faut point être de ces timides qui crient au moindre coup de barre qu'il plaît au pilote de donner pour changer de direction. On dirait qu'ils ont peur du naufrage; c'est avoir bien peu de foi, il n'y a point de naufrage à craindre quand c'est le Pape qui tient le gouvernail, ne soyons pas des hommes de foi médiocre, des timides. Il faut moins encore être des téméraires qui veulent tout changer et d'un seul coup, selon leurs caprices et leurs vues particulières, il faut être soumis et patient. L'Esprit-Saint vit dans l'Église et la dirige, et ses desseins comme ses moments ne sont pas toujours nos desseins et nos moments. Ce que nous croyons opportun est peut-être périlleux, ce que nous voulons changer peut être bon, ce qui nous parait urgent doit attendre, nos idées particulières ne sont pas toujours les vraies; notre vue est courte et notre amour-propre nous trompe, sachons en patience et humilité attendre l'heure de Dieu.

Le Docteur.

J'ai une dernière difficulté et je la dirai pour qu'elle ne me reste pas sur le cœur. Il y a un point qui me... comment dire cela?

Le Moine.

Dites toujours.

LE DOCTEUR.

Eh bien! il y a un point qui blesse ma susceptibilité anglaise dans le gouvernement de l'Église catholique. Pourquoi ce gouvernement n'est-il pas *catholique* dans le sens étymologique du mot, mais italien? Je comprendrais qu'il fût romain, puisqu'on admet que l'Église romaine a reçu le privilège de la suprématie; mais italien, je ne comprends plus. En quoi Naples ou Florence ont-elles plus droit de donner à l'Église ceux qui la gouvernent que Londres ou Paris. Les Italiens sont fins, déliés, souples, ce sont des qualités de gouvernement, pourvu qu'on n'en abuse pas, mais la loyauté française, le bon sens anglais, le sens pratique américain, la ténacité allemande, ne seraient point à dédaigner dans un gouvernement ecclésiastique. Je crois qu'ici encore, j'interprète votre pensée, Monsieur l'Archimandrite.

L'ARCHIMANDRITE.

Assurément, le patriotisme russe n'est pas moins chatouilleux que le loyalisme anglais. Si j'étais catholique, j'aimerais comme vous à être gouverné catholiquement, je prends ce mot dans le sens que vous avez indiqué.

LE MOINE.

Cette difficulté ne peut vous arrêter. Vous savez bien qu'il ne s'agit point ici de la foi, les Italiens pas plus que les Français ou les Allemands ne font partie du *Credo,* nous professons l'Église catholique, apostolique et romaine seulement. Les Italiens ont eu le privilège dont vous vous plaignez par suite de circonstances qui peuvent changer. Vous me permettrez de ne pas appuyer sur cette question secondaire, je craindrais, Monsieur l'Archimandrite, que vous et moi n'eussions l'air d'introduire la Triple alliance dans une si grave question.

L'Archimandrite.

Il me reste une dernière difficulté. Vous m'avez donné, mon Père, la liberté de tout dire.

Le Moine.

Je n'ai rien à vous donner, c'est votre droit tout simplement que j'ai reconnu. L'Union ne doit pas être une convention de dupes, et la réticence n'aboutit qu'à la duperie, parlez, je vous écoute.

L'Archimandrite.

Je suis Russe, et au cœur russe sont ancrés deux amours qu'on ne déracinera pas facilement, l'amour du Tsar et l'amour de notre Église russe. J'ai peur qu'en nous unissant à vous, ces deux grands amours ne nous soient enlevés. Notre Tsar ne sera plus le grand protecteur de l'Église, et notre Église n'aura plus sa physionomie russe.

Le Moine.

Vous vous trompez. Votre Tsar peut rester protecteur de l'Église et votre Église garder sa physionomie russe. Il suffira que l'empereur, mieux que les empereurs de Byzance, comprenne le partage des deux puissances, *à Dieu ce qui est à Dieu, et à César ce qui est à César ;* à Dieu et à son Vicaire sur la terre le domaine spirituel ; à César le temporel, et en ce domaine du pouvoir impérial les Papes ont toujours compté comme premier devoir celui de protéger la sainte Église. Votre empereur peut donc être déclaré le protecteur officiel de l'Église russe, ou comme on disait autrefois, l'évêque du dehors, et par

conséquent, y garder sa légitime influence. Votre Église
aura ses rites, pourra garder sa physionomie russe. Les
œuvres de Dieu (et l'Église est la plus grande et la première) n'ont point l'uniformité de caserne si chère à
certains modernes. La variété dans l'unité, voilà le cachet
de Dieu. Ce ne serait pas un si grand malheur que chaque peuple fortement attaché à l'unité, par la subordi-
nation parfaite au Souverain Pontife, gardât pourtant
en sa religion sa physionomie propre, ce serait le signe
infaillible que la religion aurait pris ce peuple tout entier, et tel que Dieu l'a fait, car Dieu a fait les peuples
de génies divers.

Pour ma part, je ne me scandalise point de voir le
Napolitain mettre dans ses actes religieux un peu de sa
joie exubérante, et le Breton un peu de sa mélancolie.
Le soleil danse si joyeusement sur le golfe de Naples
et la tempête est si dure sur les rochers de Bretagne!
Mais la tempête et le soleil louent le Seigneur chacun à
sa façon. Ne craignez donc point, mon cher Archimandrite, Russe vous êtes, Russe vous resterez. Vous gar-
derez au cœur, plus ancrés que jamais, vos deux amours,
le Tsar et l'Église de la sainte Russie.

L'ARCHIMANDRITE.

Vos bonnes paroles me rassurent, je vous croyais
plus... donnez-moi la main... intransigeant.

LE MOINE.

De grand cœur, et vous, Docteur, donnez-moi la vôtre,
et que ce signe de bonne amitié nous soit un signe
d'espérance, l'espérance de voir finir nos longues
divisions.

Avouez, Messieurs, que pour une âme chrétienne, s'il
y a une chose triste, c'est de voir la division parmi

nous. Les dernières paroles du Christ à son dernier souper étaient des paroles d'union. « Aimez-vous les uns les autres, à cette marque on vous reconnaîtra pour mes disciples », c'est son testament et sa suprême prière. « Mon Père, qu'ils soient un, comme vous et moi nous sommes un! » La Tunique symbolique a été respectée des bourreaux qui l'ont laissée intacte, et des mains chrétiennes ont déchiré cette tunique sans couture! Je ne veux point récriminer; il y a eu faute, et je ne veux point chercher où sont les responsabilités. Le passé est mort, laissons les morts à leur tombeau. Mais la chrétienté est vivante, il y a une réparation nécessaire, c'est de faire nos efforts tous ensemble pour revenir à l'unité perdue.

Oui, le temps semble venu où il faut éloigner ce scandale de division, et unir nos forces chrétiennes en un seul faisceau. L'Afrique, l'Océanie, l'Asie, nous sont désormais ouvertes. Votre peuple, Monsieur le Docteur, a planté son drapeau sur toutes ces terres. L'aigle russe, Monsieur l'Archimandrite, va bientôt couvrir de ses ailes, ces fourmilières d'hommes qui s'agitent dans l'Extrême-Orient. C'est le monde entier qui peut être chrétien, c'est notre civilisation chrétienne qui peut transformer ces nègres barbares, ces Océaniens sauvages, ces Asiatiques dégénérés. Nous avons pour cela, la vapeur, l'électricité, mais cela ne suffit pas, il y faut avant tout semer le grain de sénevé qui, devenu arbre, abrite les oiseaux du ciel. Il faut donner la divine sève qui fait germer les hommes en chrétiens.

L'ARCHIMANDRITE.

La sainte Russie n'oublie point cette mission. L'Angleterre quoi qu'on en dise n'édifie pas que des comptoirs dans ces colonies, elle y bâtit des temples, et vous, mon

Père, vous avez vos intrépides missionnaires que le monde entier connaît.

LE MOINE.

Je le sais, mais nos divisions paralysent la vertu de la parole divine qui n'a plus son efficacité. Que voulez-vous que dise à un Canaque, à un rusé Chinois, à un nègre simpliste, ce Christ divisé que nous lui présentons? « Que ces missionnaires s'entendent d'abord entre eux sur la doctrine qu'ils nous apportent, et après nous verrons », disent ces simples! Nous leur sommes un scandale avant d'avoir pu nous faire comprendre. Ah! si le conseil du Maître était bien pratiqué : « Qu'ils soient un », c'est le monde entier qui bientôt serait au Christ.

LE DOCTEUR.

Nous pouvons être plus coupables que je ne l'avais pensé.

LE MOINE.

Oui, Docteur, mais il y a une autre culpabilité qui n'est pas moindre. Le Christ est le salut; pour nous, nous n'en doutons pas. Mais il n'est pas le salut seulement pour l'autre monde, il l'est aussi pour ce monde où nous vivons. Pour nous, les enseignements du Christ sont le sel de la terre qui la préserve de la corruption, c'est notre Europe qu'il faut préserver, c'est notre civilisation qu'il faut sauver. Le scepticisme qui autrefois n'était qu'un jeu d'école, est descendu dans les masses en fait pratique, il a tout envahi, la science, la politique et le monde des travailleurs, ne laissant à tous que les appétits, car il a tout nié : Dieu, l'esprit, la liberté, la responsabilité morale. Les appétits ont créé l'antagonisme des classes, et ce qui nous attend, peut-être à bref délai, c'est l'anarchie. Tout y passera, les empereurs, les rois et les républiques, si le christianisme ne reprend pas son empire parmi nous.

Le Docteur.

L'avenir est sombre si on ne trouve pas un remède efficace aux doctrines dissolvantes de cette fin de siècle, je l'avoue.

Le Moine.

Où le trouverons-nous? Ces doctrines sont dissolvantes parce qu'elles sont le doute et l. négation, le remède est dans l'affirmation nette, précise, claire, autoritaire d'une autorité divine que donne le christianisme. Mais ici encore nos divisions sont l'obstacle. Ah! Léon XIII! a eu une grande pensée quand il a voulu serrer en un seul faisceau toutes les forces vives de l'armée chrétienne. De tous ces divisés, plus occupés à se contredire les uns les autres qu'à faire face à l'ennemi, ne faites qu'un corps qui jette en la bataille son affirmation unanime au-devant de la négation hésitante, du philosophisme moderne, la victoire est à nous. Mais non, à cette pensée moderne qui cherche son chemin, nous n'avons à présenter qu'un Christ divisé, une doctrine qui semble hésitante à son tour, parce que nous avons oublié la parole du Maître : « Qu'ils soient un. » Quand reviendra cette bienheureuse unité!

Le Docteur.

C'est notre désir le plus ardent.

L'Archimandrite.

C'est l'objet de notre prière de tous les jours.

LE MOINE.

Eh bien! Messieurs, les désirs stériles et les prières qui ne vont point à l'action, ne seront pour nous qu'une condamnation de plus. Il faut agir et cette unité il faut la faire. Dieu est grand. Il nous aidera.

Paris. — J. Mersch, imp., 4ᵇⁱˢ, Av. de Châtillon.

www.ingramcontent.com/pod-product-compliance
Lightning Source LLC
LaVergne TN
LVHW022014080426
835513LV00009B/714